29298

LETTRE

SUR LA

MORALE

Du même auteur:

EXPOSITION ABRÉGÉE ET POPULAIRE
DE LA PHILOSOPHIE ET DE LA RELIGION POSITIVES

Un volume in-12 de 596 pages. Prix : 3 fr. 75 c. — Paris, 1857

CHAMEROT, libraire-éditeur, rue du Jardinet, 13.

LA VRAIE LIBERTÉ

CONSÉQUENCE NÉCESSAIRE

DE LA SÉPARATION DES POUVOIRS TEMPOREL ET SPIRITUEL

Brochure in-8º, Prix : 1 fr. — Paris, 1860.

Chez tous les Libraires.

LETTRE

SUR LA

MORALE

A

M. L'ÉVÊQUE D'ORLÉANS

L'UN DES QUARANTE DE L'ACADÉMIE FRANÇAISE

PAR

M. CÉLESTIN DE BLIGNIERES

Ancien élève de l'École polytechnique, Membre de la Société d'anthropologie,
Auteur de l'*Exposition abrégée et populaire de la Philosophie
et de la Religion positives*

> Ne voyez-vous pas que vous renouvelez
> contre nous les plus odieuses accusations
> du vieux paganisme ?
>
> Mgr Dupanloup (*Lettre à un catholique*,
> Paris, 1859, p. 13).

PARIS

LIBRAIRIE DE GUSTAVE HAVARD

19, BOULEVARD DE SÉBASTOPOL

(Rive gauche.)

MAI 1863

AVANT-PROPOS

Quelques jours avant l'élection qui a eu lieu le 23 avril à l'Académie française, M. l'évêque d'Orléans a publié, ainsi que sans doute on se le rappelle encore, un *Avertissement à la jeunesse et aux pères de famille sur les attaques dirigées contre la religion par quelques écrivains de nos jours.*

Dans un passage de cet écrit, je suis, non pas nommé, mais très-clairement désigné. L'attaque est directe, personnelle, présente un caractère tout particulier; et il était impossible, quelque désir que l'on en eût, de la laisser passer sans y répondre. En outre, cette attaque, ou, si l'on veut, appréciation, d'après son caractère propre, rend aussi nécessaire que ma réponse soit précédée de quelques détails personnels. Je m'efforcerai, d'ailleurs, d'être aussi court que possible.

Reçu, en 1843, à l'École polytechnique, j'avais été auparavant, dans l'école préparatoire fondée et dirigée par M. Laville, l'un des élèves d'Auguste Comte. Chargé du cours le plus élevé qui s'y fît, il était alors, en outre, répétiteur d'analyse à l'École polytechnique, et examinateur pour l'admission. L'impression très-profonde produite par son admirable enseignement m'ayant conduit à l'étude de ses ouvrages, je devins ainsi, très-naturellement, d'élève disciple; et aussitôt que les circonstances le permirent, ce qui fut en 1849, je me mis, comme tel, en relation avec M. Comte.

Pour ses camarades, pour vingt générations d'anciens élèves de l'École polytechnique, pour tous ceux enfin qui l'ont connu, M. Comte a été un homme supérieur, et un homme que rendaient profondément respectable sa vie austère et laborieuse, et la rigoureuse conformité de sa conduite à tout ce qu'il regardait comme son devoir. Pour moi et pour quelques autres, non-seulement en France, mais aussi à l'étranger, M. Comte a été un puissant et profond penseur, un homme de génie.

Mais il a vécu isolé, et, seul de ses contemporains à la fois philosophe et savant, il a été, comme philosophe, méconnu par eux. Aussi, malgré une foi profonde dans son œuvre et les satisfactions intimes qui en résultaient, n'a-t-il pas été véritablement heureux, bien qu'il s'efforçât de se persuader à lui-même et de persuader aux autres qu'il l'était. Très-réellement et très-profondément dévoué à la vérité, et à tout ce qui se rapportait aux intérêts généraux, il était naturellement despotique, et peu susceptible d'affections privées, particulières. Mais s'efforçant systématiquement, et d'être réellement, et d'être regardé par ses disciples d'abord, par tout le monde plus tard, comme un type de vertu, il a eu, à la bonté et à d'autres affections, des prétentions excessives. Et, précisément, elles ont été d'autant plus grandes qu'elles étaient moins fondées, parce qu'il sentait, instinctivement, que là étaient le côté faible et les lacunes. On a dit de lui qu'il était *intellectuellement bon* : je ne sais de qui est le mot, mais il est profond et vrai, et résume parfaitement le jugement qu'il y a à porter sur M. Comte, au point de vue moral.

Indépendamment de l'influence naturelle de l'âge, des circonstances profondément regrettables aggravant ce que pouvaient présenter d'imparfait les dispositions de M. Comte, il en vint, selon moi et d'autres, à des conceptions, à une conduite et à des exigences, tout à fait contradictoires avec des points essentiels de la doctrine que, dans l'âge de la vigueur, il avait fondée. Ayant ainsi éloigné de lui des partisans très-fermes de ses idées, et des admirateurs très-convaincus de son génie, il est mort, fort tristement, en octobre 1857, âgé seulement de 59 ans. La décadence est, sans nul doute, une loi générale et fatale, une nécessité organique, qui ne laisse de variables que le moment et le degré, mais, ici, la maladie aidant, elle avait prématurément précédé la fin.

Mon adhésion à la doctrine positive, qui date donc du moment où je commençai à penser, avait été trop profonde pour rester stérile, et, en 1857 (non sans avoir dû, pour faire ce travail, m'éloigner de M. Comte, sans cependant rompre avec lui), je publiai une exposition générale de cette doctrine, telle que je la comprends et que je l'accepte. Des circonstances regrettables y aidant, M. Comte fut très-froissé par cette publication, dans laquelle il vit surtout la pensée de son insuffisance à exposer convenablement sa doctrine, et il prétendit que j'avais systématiquement et coupablement caché, dans ma préface, l'existence de deux opuscules, le *Catéchisme positiviste*, publié par lui en 1852, et l'*Appel aux conservateurs*, en 1855, qui, selon lui, mais non selon moi, rendaient mon exposition parfaitement inutile. Enfin, il comprit bien que ma pensée n'était pas que le pouvoir spirituel [1] *dût se condenser chez un pontife* (lettre du 27 juin 1857), et je fus déclaré par lui, c'est triste à dire, mais cela est, un *schismatique* coupable et dangereux.

Tout en regardant comme fort regrettable une rupture avec M. Comte, qui restera toujours le plus important de mes professeurs, et le *maître*, je ne trouve rien d'effrayant dans cette position qu'il m'a faite, pour ainsi dire, malgré moi, et, interprétée raisonnablement et bien comprise, je l'accepte très-volontiers. Si M. Comte a beaucoup fait, il n'a assurément ni tout fait, ni même, vraisemblablement, toujours bien fait, et je me crois, comme à tout le monde, le droit de *triage*.

Ainsi que j'ai eu, très-naturellement, l'occasion de le dire dans le cours de cet écrit, je regarde la liberté intellectuelle comme la plus importante de toutes, comme la liberté essentielle, comme étant la seule base solide et la seule source assurée de toutes les autres. Or, la véritable formule de cette liberté a été très-heureusement trouvée par un écrivain de ce temps, dont les idées, d'ailleurs, sont en général, je crois, fort différentes des miennes. *L'entendement*, a dit M. Scherer, *contrôle et a le droit de contrôler l'enseignement*. Cela est parfait, très-profond et très-vrai : il y a seulement à remarquer que le contrôle ne se produit, n'est un *fait* qu'autant que la personne à qui l'enseignement est donné est suffisamment intelligente, capable, et préparée à le recevoir par l'exercice intellectuel, la culture antérieure. En outre, ce contrôle est un fait et un droit purement personnels, dont l'importance, à un point de vue général, dépend de circonstances particulières, que ce n'est ici ni le lieu ni le temps d'examiner.

---

[1] Voir dans *Exposition de la Philosophie et de la Religion positives*, toute la première partie.

Mais toujours est-il que la formule de M. Scherer explique parfaitement comment il se fait que l'on soit, et que l'on ait le *droit* d'être, et disciple de M. Comte, et, suivant son expression, schismatique.

Dans la religion positive, telle que je la comprends et que je l'admets, le schisme est donc de droit, et c'est ainsi qu'elle est compatible avec la liberté. Ce droit, on l'exerce, évidemment, à ses risques et périls ; mais il est absolument nécessaire pour garantir qu'une doctrine ne comprendra jamais que des vérités *démontrables*, et comme j'ai pleine confiance dans la *logique*, comme je crois que l'avenir lui appartient, et que ce n'est qu'une question de temps et de patience, je suis persuadé que ce droit, le droit de schisme, n'empêchera pas l'*unité :* au moins dans la mesure où elle est nécessaire.

Telles sont donc les explications que j'avais à donner, et qui suffisent, je pense, pour montrer que j'ai pu très-naturellement et très-raisonnablement devenir disciple d'Auguste Comte, et dans quelles limites, ou, au moins, avec quelles idées, quelles dispositions, je le suis. Quant à avoir dit simplement, franchement, hardiment, ce que je croyais, et pourquoi je le croyais, je ne pense pas avoir eu tort de le faire. Et plus nous irons, plus il s'en trouvera, j'en suis convaincu, qui ne regarderont ni comme extraordinaire, ni comme mauvais, que je ne me sois pas laissé arrêter par les préjugés, très-enracinés et très-puissants, je le reconnais, qui empêchent, plus que toute autre chose, qu'on ne rende justice à la doctrine positive.

Mais il importe aussi qu'on le sache : si je pense que M. Comte a été un grand homme, je ne crois pas qu'il ait été infaillible. Critiquer, laisser de côté ce qui est bien, rechercher le mal, le faire ressortir, mettre en évidence ce qu'il a pu y avoir dans une vie de faiblesses et d'erreurs, c'est un travail qui ne déplaît pas à tout le monde, je le sais bien, mais qui m'est antipathique, et que, pour personne, je ne ferai jamais, assurément. A propos de M. Comte, il y a, et il y aura sans doute encore, de ma part, des explications, des appréciations même, absolument nécessaires ; mais je sais parfaitement combien la prudence, la réserve, la discrétion, sont, dans ce cas, indiquées et convenables. Il n'en manquera pas (et déjà il n'en a pas manqué) qui, dans des dispositions différentes, s'occuperont de M. Comte, de cet homme qui, à une époque où tout le monde se ressemble, où de l'un à l'autre il y a si peu de différences, a eu, tout au moins, le courage, la hardiesse d'être si original, et d'être, lui, si différent des autres. Mais que ceux qui attacheront leur nom, leur autorité, à des critiques, à des appréciations de sa vie, de ses œuvres, en un mot de tout ce qu'il a fait, permettent à quelqu'un qui l'a bien connu, qui a suivi tout cela de très-près et l'a bien étudié, de leur recommander l'attention, la réflexion prolongée, la méfiance même. Je ne veux pas dire que, dans tout ce qui vient de M. Comte, l'extravagance ne soit jamais qu'apparente ; mais je crois que, sinon toujours, bien souvent du moins, elle cache, elle recouvre la profondeur, et qu'il y a là un *triage* bien plus délicat et difficile à faire qu'assez généralement on ne l'a cru, ou paru le croire.

L'importance des explications que je viens de donner, ne sera pas, je pense, contestée ; et il me semble permis d'espérer qu'elles paraîtront nettes, précises, en même temps qu'absolument nécessaires, et que, relativement à la situation générale, elles rendront, désormais, toute méprise impossible. Quant aux explications plus particulières que comporte la circonstance, elles sont données dans l'écrit lui-même.

DIVISION

	PAGES
L'Attaque personnelle...	11
La Morale...	21

    Double base de la morale positive.
    Sanction de cette morale.
    De la liberté intellectuelle.

L'empire sur les ames. — Conclusion... 41

L'ATTAQUE PERSONNELLE

Monseigneur,

Indépendamment de l'exposition de la doctrine positive que vous connaissez, j'ai publié, en 1860, une brochure, *la Vraie liberté*, que vous paraissez ne pas connaître. Dans cette brochure cependant, je m'occupais de vous particulièrement, et je répondais à la *Lettre à un catholique* que vous publiâtes en 1859, et qui, sans amener d'ailleurs aucun résultat, fit alors tant de bruit.

Mais, quand *on* connut cette brochure, *on* y attacha, au point de vue personnel, une importance qui me surprit beaucoup, que je ne compris pas trop, et *on* me pria, *on* me conjura (ce fut le mot) de ne pas vous l'envoyer. Je cédai, quoique j'aie pensé que, peut-être bien, ce n'était pas là ce qu'il y avait de mieux et de plus sage à faire.

Cette brochure, dont je regardais d'ailleurs la publication comme un *devoir* (il n'y a sans doute pas que vous, Monseigneur, qui ayez des devoirs. Pour moi, personnellement, je crois que j'ai, comme vous, le *droit* d'en avoir), n'a pas été sans produire des résultats qui m'ont fort touché, et m'ont été infiniment précieux. Mais il est parfaitement vrai que, d'une manière générale, on s'en est peu occupé, qu'elle a été peu connue, a fait peu de bruit; et ainsi sans doute elle vous a échappé, malgré le soin, très-remarquable, avec lequel vous paraissez vous tenir, ou vous faire tenir au courant des nouveautés intellectuelles, des publications de notre temps.

Parmi les causes, multiples sans doute, qui ont fait que cette brochure a passé si complétement inaperçue, il en est une qu'il est à propos de rapporter ici.

Après avoir eu toutes les peines du monde pour trouver un imprimeur, et, un imprimeur étant trouvé, pour en obtenir l'impression à peu près complète de mon travail, il m'a été *impossible* de trouver un libraire qui consentît à ce que, par son nom mis sur la première page, il fût indiqué comme chargé de la vente. Mon honorabilité connue, ou si facilement constatable, le travail important que j'avais déjà publié, ma position officielle et les garanties qui en résultaient, rien n'y a fait. Le seul libraire qui ait *bien voulu* examiner les épreuves de ma brochure, jugea, soit nécessaire, soit convenable, d'en supprimer une partie notable. Cette collaboration ne me convint pas, me parut inacceptable, et, par suite peut-être bien d'une organisation imparfaite, je pris la chose assez vivement.

« Si vous croyez, dis-je, que j'écris pour gagner de l'ar-
« gent, vous vous trompez. Mon travail paraîtra tel qu'il est
« ou ne paraîtra pas; et si je ne trouve pas de libraire, je le
« prendrai chez moi et j'en ferai tel usage qu'il me con-
« viendra. — On corrige bien les autres, me fut-il répon-
« du; » et je m'entendis crier en m'en allant : « Vous serez
« *pincé*, vous serez *pincé*. »

Je vous demande pardon du mot, Monseigneur, mais j'ai

voulu être textuel, et, quoique sans doute vous ne l'entendiez jamais prononcer, vous le comprendrez, je pense. L'événement, d'ailleurs, lui a donné complétement tort; ce qui évidemment devait être. Mais il n'en reste pas moins vrai que la situation dans laquelle je me suis trouvé est fort pénible pour un écrivain généreux, désintéressé, mais convaincu, se prenant au sérieux, et ayant foi dans son œuvre. Et, comme vous êtes, Monseigneur, partisan de la liberté, cette situation excitera, je pense, vos sympathiques regrets.

Cependant, bien que je n'aie pu mettre sur ma brochure le nom d'aucun libraire, quelques exemplaires s'en sont vendus à Paris, et presque tous ceux qui ont été envoyés d'office, en province, y ont été placés. Aussi j'avais pensé que cette brochure serait connue de vous, et que, désormais, chacun de nous sachant parfaitement à quoi s'en tenir à l'égard de l'autre, je n'aurais plus à m'occuper de vous : de vous, Monseigneur, qui, comme vous le dites vous-même, ne discutez pas, mais réprouvez, flétrissez, ou, du moins, croyez le faire parce que vous injuriez. Et de là résulte nécessairement, pour peu que l'on soit travailleur et penseur, un éloignement très-raisonnable et très-naturel pour tout ce qui vient de vous.

J'étais donc dans ces dispositions quand, le jeudi 23 avril, votre brochure m'ayant été mise dans les mains, presque malgré moi, je tombai, en la feuilletant, sur la page 93, où je lus ce qui suit : « Ces aberrations, qui sembleraient par
« leur délire même inoffensives, font de déplorables vic-
« times ; et ce n'est pas sans une vive compassion que j'ai
« jeté les yeux sur une espèce de catéchisme composé dans
« le but de populariser la philosophie et la religion posi-
« tivistes, par un pauvre jeune homme, ancien élève de
« l'École polytechnique, où M. Comte a été longtemps pro-
« fesseur : j'ai connu ce jeune homme, et par respect pour

« son respectable et malheureux père, je ne veux pas ici pro-
« noncer son nom. »

L'émotion fut vive, Monseigneur. Je n'avais pas l'idée que rien de pareil fût possible : m'étant alors procuré votre brochure, je l'eus vingt-quatre heures dans les mains sans pouvoir la lire. Mais enfin, le temps et la raison systématique intervenant, à l'indignation succédèrent le calme et la réflexion ; et il me reste maintenant à apprécier froidement votre attaque, et à y répondre.

« J'ai connu ce jeune homme », dites-vous. Je crois, Monseigneur, qu'il y a là quelque méprise. J'ai bonne mémoire, et je n'en ai aucun souvenir. Si donc vous m'avez connu, c'est bien peu ; et ce n'est qu'en 1860, après la publication de *la Vraie liberté*, que j'ai véritablement su qu'en 1848 surtout, je crois (j'étais alors à l'armée des Alpes), il y avait eu, entre vous et des personnes de ma famille, des relations sur lesquelles je suis peu renseigné, et dont je ne crois pas, d'ailleurs, avoir à m'occuper et à tenir compte.

En effet, si je ne trouve pas, Monseigneur, que vous soyez un bien profond penseur, je suis du moins persuadé que vous êtes un fort habile politique. Et cette victoire que vous venez de remporter le prouve bien. Si, comme vous le désiriez, vous avez empêché l'élection à l'Académie française de M. Littré, malgré l'attente générale, malgré le jugement et le vœu de l'opinion publique, malgré les articles *demandés* et obtenus, les obligations contractées (MM. Albert de Broglie et de Montalembert me comprendront), malgré les voix promises, si malgré tout cela, dis-je, vous avez réussi, il faut reconnaître ainsi que l'affaire a été bien conduite, et que le coup décisif, préparé de longue main, a été porté avec une extrême habileté, juste au dernier moment, et dans des conditions — bien loyales, ce serait une autre question, — mais parfaitement combinées pour en assurer le succès.

Quant à l'attaque qui m'est personnelle, elle témoigne aussi d'une grande habileté : un peu d'attention et de réflexion le fait reconnaître avec la dernière évidence.

D'après la manière dont la chose est présentée, il est clair, Monseigneur, que votre idée et votre espoir sont de donner à penser que vous avez été, tout à la fois, embarrassé et retenu par une situation délicate.

Il n'en est rien : cette situation, connue de vous, mais très-imparfaitement d'ailleurs, et que votre appréciation présente sous un jour entièrement faux, comme je le prouverai tout à l'heure, vous l'avez indignement exploitée, et non pas respectée, ménagée, comme un peu de cœur et la plus vulgaire morale (un évêque est bien au-dessus de cela) indiquaient, prescrivaient de le faire.

En effet, pourquoi donc ce respect qui, dites-vous, vous a empêché de me nommer, ne vous a-t-il pas fait supprimer le passage qui me concerne? Ces quelques lignes (je laisse de côté, pour le moment, l'indigne appréciation qu'elles renferment) sont parfaitement inutiles dans votre brochure; elles n'y servent à rien, n'y ajoutent rien, et y sont une véritable superfétation, tout à fait étrangère au but que vous poursuiviez. Du moment que vous ne connaissiez pas *la Vraie liberté*, elles n'avaient aucune raison d'être. Vous n'avez rien pris dans l'ouvrage auquel vous faites allusion ; vous n'avez fait que *jeter les yeux* sur lui. Pourquoi donc en parler? Pourquoi donc à cette occasion parler, et de quelqu'un que vous respectez, dites-vous, et de moi, d'une manière, à mon sens, aussi... déplaisante (je ne veux pas dire le mot juste) pour l'un que pour l'autre?

Pourquoi !

« Pensez-vous que je sois venu apporter la paix sur la terre ? Non,
« vous dis-je; mais plutôt la division ;
« Car désormais ils seront cinq dans une maison, divisés trois contre
« deux, et deux contre trois.

« Le père sera en division avec le fils, et le fils avec le père ; la mère
« avec la fille, etc. »

A l'occasion, elles mettent à l'aise, n'est-ce pas, Monseigneur, ces paroles du *divin* maître ? Et aggraver une situation parfaitement honorable, mais regrettable, douloureuse même ; peser, insister sur elle ; la mettre en évidence, la faire ressortir ; retourner, en un mot, le fer dans la plaie, assurément, c'est un puissant moyen d'entraver, et qui ne peut pas ne pas être efficace.

Vous êtes un grand maître, Monseigneur !

Vous ne m'avez pas nommé ! le grand sacrifice que vous avez fait là, et le grand service que vous avez rendu ! Il vous a suffi d'en avoir dit assez pour que mes amis, mes anciens camarades, mes connaissances, mes relations dans le monde, les personnes qui m'ont lu, tout ce qui, pour moi, constitue le public, sût parfaitement de qui il était question. Assurément, Monseigneur, vous n'avez pas eu la pensée que votre attaque, par suite des circonstances particulières dans lesquelles je me trouve, resterait sans réponse. Mais, il faut bien le reconnaître, il y a là de mauvaises apparences ; et le jugement, assez général autour de moi, qu'a porté le premier de mes amis qui m'ait parlé de votre brochure a été le suivant : il vous insulte, et se met à l'abri derrière monsieur votre père : appréciation fausse, sans doute, mais qui suffit pour prouver combien il importe, même à votre point de vue, que je dise ce que je pense franchement et librement.

Eh bien ! selon moi, Monseigneur, la vraie raison pour laquelle vous ne m'avez pas nommé se trouve, non pas à la page 93, mais à la page 9 de votre brochure, où vous dites, à propos des écrivains que vous allez citer : « C'est leur cé-
« lébrité qui m'appelle : des écrivains sans nom ne méri-
« teraient que le silence. »

Vous aviez dit quelques lignes plus haut : « Ils sont considérés dans le monde savant, et tendent à la célébrité. » Ceci, évidemment, avait pour but de bien différencier les positions, de faire comprendre qu'il n'en était pas de ces écrivains comme de vous, et que ce n'était pas l'amour de la vérité, le devoir, le désir de soumettre les résultats de leurs travaux et de leurs réflexions à leurs contemporains, de faire part de leur âme, suivant la belle formule de Mme de Staël, plus connue comme femme de génie que comme bonne chrétienne, que ce n'étaient pas, dis-je, tous ces généreux motifs qui poussaient à écrire MM. Littré, Renan, Maury, Taine.

Il y aurait à cet égard, Monseigneur, bien des choses à dire; mais enfin, comme vous paraissez, sans trouver tout à fait bien de désirer être considéré dans le monde savant et de tendre à la célébrité, ne pas, du moins, le regarder comme très-mal, je n'insisterai pas.

Quant à l'idée que des écrivains sans nom ne méritent que le silence, si cela est, Monseigneur, sans une très-importante restriction, un principe de la morale catholique au XIXe siècle, ce n'en est pas un de la *morale positive*. Suivant celle-ci ce ne sont pas les écrivains *sans nom*, mais ce sont les écrivains *sans valeur* qui ne méritent que le silence. Or le nom, la célébrité, et la valeur, surtout quand il s'agit de contemporains, ne sont pas nécessairement liés : l'histoire le prouve surabondamment, et tout le monde, d'ailleurs, en convient.

Il serait donc possible, Monseigneur, qu'un écrivain sans célébrité eût de la valeur, une grande valeur même, et, par conséquent, que vous lui en trouviez. Serait-ce alors une bonne raison pour ne pas s'occuper de lui, parce qu'il n'aurait pas de célébrité? Pour moi, je ne le pense pas.

Quoi qu'il en soit, vous avez donc dit, à propos de moi, que ce n'était pas *sans une vive compassion que vous aviez jeté les yeux sur une espèce de catéchisme composé dans le but de populariser la philosophie et la religion positivistes, par un pauvre jeune homme, ancien élève de l'École polytechnique, où M. Comte a été longtemps professeur* (c'est répétiteur et examinateur, mais peu importe) : *et par respect*, dites-vous, *pour son respectable et malheureux père, vous n'avez pas voulu prononcer son nom.*

Eh bien! Monseigneur, dans une lettre qui est ancienne déjà, étant du commencement de 1859, mais que je viens de relire et que j'ai sous les yeux, il est dit ceci :

« J'ai pu apprécier le travail excessif qu'a dû te coûter ton
« livre et j'en ai frémi; mais plus il révèle de science, de
« talent et d'élévation, plus je regrette que tant de généreux
« efforts et de dons précieux... »

Vous comprenez, Monseigneur, qui je viens de citer, et quelle est, quelle doit être pour vous, particulièrement, l'importance de ces quelques lignes et de l'appréciation qu'elles renferment.

Si, en effet, mon livre est peu connu, n'a fait aucun bruit, n'a donné lieu, soit dans les journaux, soit dans les revues, à aucun article sérieux, il n'en est pas moins vrai que, par suite de mon passé, de ma position officielle, de mes relations, de l'ensemble en un mot des circonstances dans lesquelles je me trouvais, il ne pouvait passer complétement inaperçu, et qu'il a dû précisément exciter l'attention de personnes exceptionnellement compétentes : et ainsi, par exemple, celle d'anciens camarades, de quelques-uns de mes supérieurs, et même de mes anciens professeurs. Or, ce dont on est d'abord généralement convenu, c'est que ce livre ne pouvait être compris et jugé que par un petit nombre de lecteurs, et qu'il n'était de nature à intéresser que peu de personnes, et bien moins que je n'avais pensé. (C'est là, Monseigneur, je vous l'avoue, la seule erreur de jeunesse que je trouve à regretter dans mon passé.) Mais, étant admis que les croyances diffèrent, et que ce livre n'est pas propre, pour le moment du moins, à popolariser la philosophie et la religion positives, il restait encore bien des choses à apprécier ; et il est aisé de comprendre pour qui il y avait un extrême intérêt à savoir au juste la vraie valeur de cet ouvrge, et ce qu'il apprenait sur l'auteur. De là donc, et tant d'après le jugement propre que d'après celui des personnes, très-éclairées et très-compétentes (vous particulièrement, Monseigneur, n'en pouvez douter), qui ont été consultées, l'appréciation si décisive, vous me permettrez bien de le penser et de le dire, que je citais tout à l'heure.

Ainsi, donc si vous n'avez fait que *jeter les yeux sur mon espèce de catéchisme*, d'autres personnes, vous le voyez, l'ont lu attentivement, et la manière dont vous avez parlé d'un travail qui a coûté tant de peine, et qui, tout au moins, prouve tant de courage et de volonté, me donnait bien le droit d'insister sur une appréciation bien autrement intéressée et importante que la vôtre, vous en conviendrez.

Et maintenant, Monseigneur, était-il besoin de vous le dire? Si une telle appréciation, non-seulement personnelle mais encore collective, peut laisser des regrets, elle entraîne aussi des compensations et des satisfactions que, excepté vous, peut-être, tout le monde comprendra. Quand on ne croit pas à ce que vous enseignez, vous, vous ne voyez qu'un naufrage, et vous niez, ou n'apercevez pas, ce qui, pour tout le monde reste d'honorable, et doit être respecté. Mais, Monseigneur, *le travail excessif, la science, le talent, l'élévation, les généreux efforts*, peuvent bien, et votre brochure le prouve, ne pas toucher un évêque, mais non un père, quelque catholique qu'il soit ; et, s'il croit au naufrage, ce sont là, du moins, d'assez belles épaves. Franchement, ils sont rares encore ceux qui, instruits, préparés par vous, et constamment dociles, rapportent de leur heureux voyage une si riche cargaison.

LA MORALE

En ayant, actuellement, complétement fini avec l'attaque personnelle, sans laquelle, vous pouvez en être persuadé, Monseigneur, je n'aurais pas pris la plume, quelques mots maintenant sur votre brochure.

Tout à la fois, doucereuse et haineuse, elle est essentiellement formée de citations rapprochées tant bien que mal, et entremêlée de contre-sens, d'affirmations à effet, et d'appréciations ayant pour but d'exciter, contre les doctrines que vous faisiez connaître, ou pensiez faire connaître, l'*horreur* de toute conscience, non-seulement religieuse, catholique, mais *honnête*.

Quant aux sentiments qui en pourraient résulter contre les écrivains eux-mêmes, franchement, votre brochure, malgré quelques précautions oratoires, laisse penser que cela, au fond, vous importe fort peu.

Quoi qu'il en soit, ces citations soulèvent une foule de questions bien autrement controversables et difficiles que vous ne le pensez. Il est ici impossible, non-seulement de traiter, mais même d'aborder la plupart d'entre elles. Je n'aurais d'ailleurs aucune envie de le faire en m'adressant à vous; et ceux qui seront curieux de savoir ce que je pense, le trouveront, soit dans les ouvrages que j'ai déjà publiés, soit dans ceux que j'espère encore écrire.

Mais, je les en préviens, s'ils ne veulent pas se former l'idée la plus inexacte, la plus fausse, de mes opinions et de mes croyances, ils feront bien de ne pas suivre l'exemple que vous avez donné, et de ne pas se contenter, par exemple, de jeter les yeux sur *cette espèce de Catéchisme* que j'ai composé. Il a coûté beaucoup de peine à faire, et il ne peut guère se comprendre, au moins intégralement, sans peine, sans efforts, sans une très-grande attention. Et parmi ceux, Monseigneur, qui ont voulu le bien connaître, des intelligences qu'il est permis de croire, tout autant que la vôtre, puissantes et cultivées, ont trouvé rude la tâche.

Laissant donc de côté la plupart des questions soulevées, non pas précisément par votre brochure, mais par les citations qu'elle renferme, je me bornerai à présenter quelques explications, que je m'efforcerai de rendre aussi élémentaires, aussi nettes, aussi précises que possible, sur le point le plus important : la loi morale. Je terminerai par quelques réflexions relatives à l'action sur la jeunesse, à l'empire sur les esprits, sur les âmes.

Vous dites, Monseigneur, à la page 81 : « M. Littré parle « de morale : sa philosophie même promet au monde une « morale plus parfaite que celle du christianisme. » Puis vient une exposition et une appréciation de la morale de M. Littré, bien étranges, mais non sans habileté : sans même, selon moi, je l'avoue, — le public jugera, — un excès d'habileté.

« A l'égoïsme de la charité chrétienne, dites-vous, il « (M. Littré) veut substituer *l'altruisme*. Qu'est-ce que « l'altruisme ? Je laisse l'étrange difformité du mot, je vais

« à la chose. Quelle est sa valeur morale? Je cherche et
« je trouve qu'en physiologie *l'altruisme désigne un ensemble*
« *de penchants et d'instincts.* » (*Dictionnaire de Nysten*,
onzième édition revue et corrigée par E. Littré et Ch. Robin.
1858. — article *Altruisme*.)

Mais, ce n'est là, Monseigneur, qu'un commencement de phrase, que vous répétez encore à la page suivante de votre brochure.

Voici maintenant la phrase complète, et l'on jugera si vous ne vous êtes pas, comme je le crois, très-habilement arrêté : « En physiologie, ce terme (altruisme) désigne un
« ensemble de penchants ou d'instincts (V. ces mots) qui
« ont reçu le nom d'*instincts sympathiques*, tels que l'atta-
« chement ou l'amitié, la vénération, la bonté. » (1) De ce rapprochement, il résulte donc, Monseigneur, que dans votre citation vous avez mis un point où il n'y en a pas, en réalité ; et où, à moi, du moins, il me semblait très-important de n'en pas mettre. En effet, il se trouve ainsi que, dans votre prétendue exposition de la morale de M. Littré, il n'est pas même question du sentiment proprement dit, des affections, des *sentiments sympathiques*, qui sont, à vrai dire, la base et le principe de la *morale positive*.

Enfin, après vous être quelque peu occupé de MM. Renan et Taine, dont je reconnais le talent, mais dont je n'ai pas

---

(1) Tout l'article, d'ailleurs, me paraissant important à reproduire, j'en donne ici la suite :

« Ces *penchants altruistes* dirigent l'entendement et la conduite d'après des motifs
« autres que les motifs purement individuels. Ce sont eux qui nous induisent à
« subordonner notre existence à celle d'*autrui*, et à accomplir nos actions pour autrui
« autant ou plus que pour nous. Ils ont pour conséquence de stimuler notre activité
« et de la mettre en harmonie avec celle des autres, ce qui l'empêche d'être stérile.
« Ces penchants existent non-seulement chez l'homme, mais dans beaucoup d'espèces
« animales, ainsi que Gall l'a démontré physiologiquement. Ils sont la source de l'état
« de domesticité et de sociabilité (Voy. ce mot) de plusieurs d'entre elles, chez les
« ruminants en particulier, bien plus que l'instinct de conservation ou la nutrition,
« et que l'impossibilité de fuir, de se défendre, etc. L'existence et le grand dévelop-
« pement de ces penchants coïncide souvent avec une activité cérébrale très-
« élevée. » Voir aussi *Éléments de Physiologie*, par B. Béraud, revus par Ch. Robin.
Paris, 1857, 2ᵉ édition, t. II, p. 609 et suiv.

à défendre les idées et les appréciations, qui ne sont pas les miennes, vous dites, à la page 85, à propos de M. Renan :

« ... l'homme qui ne croit pas en Dieu et en la vie future « n'a pas le droit de parler de morale.

Vraiment ! Monseigneur. Mais il n'y a que vous, véritablement, pour avoir de telles idées. »

Pour moi, je suis actuellement libre de disposer, comme je l'entends, de mon temps et de mes forces ; et tout le reste de ma vie sera consacré, je vous le promets, à l'étude continue, incessante, approfondie, de toutes les questions morales, à la culture, en un mot, à la fois théorique et pratique, de la morale. Et, je l'espère bien, il en résultera, tôt ou tard, quelques publications, non sans importance, sur la *morale positive*.

Suivant celle-ci, la vie comporte une définition que, très-probablement, vous ne connaissez pas. Elle est, en effet, ainsi que le prouve la vie des plus élevés, des plus purs représentants du catholicisme (A-Kempis, Pascal, etc), en contradiction intime avec la morale catholique, qui a été, je le sais très-bien, non pas à tous les égards, mais à des égards essentiels, un très-grand progrès, ce qui n'est pas une raison pour prétendre, ainsi que vous le faites, bien à tort, selon moi et tant d'autres, qu'elle est et qu'elle doit rester le *nec plus ultrà* de la civilisation et de l'esprit humain. Quoi qu'il en soit, cette définition dont je parle est la suivante : *La vie, c'est le temps donné pour être utile.*

Je ne sais, Monseigneur, ce que vous penserez de cette définition, mais je suis convaincu que je n'en puis faire de meilleure application personnelle qu'en consacrant mon temps et mes forces à l'étude des questions morales ; et, n'étant pas intolérant et exclusif, c'est à une telle étude, mais aussi synthétique (ce qu'exige absolument la difficulté et la complexité du sujet) et aussi approfondie que possible, que je convie, quelles que soient d'ailleurs leurs croyances, tous ceux qui accepteront ma définition de la vie.

Il y a, je le sais, une célèbre pensée de Pascal, où, distinguant les sciences suivant qu'elles sont fondées sur l'autorité, ou sur l'expérience et le raisonnement, il admet le progrès en physique et en médecine, et le nie en théologie et par suite en morale : le bien, en effet, n'est pour lui que ce qui est conforme à la volonté de Dieu (Edition Didot. t. II, p. 192, 201). Pascal était, assurément, un très-grand homme, mais il s'est trompé en cela, comme d'ailleurs, en bien d'autres choses, et lui-même il a pris soin de nous dire qu'il fallait respecter, mais non suivre aveuglément les opinions des grands hommes.

Ce serait, en vérité, aussi étrange que triste, si l'homme, ou plutot l'humanité qu'il faut considérer, a dit Pascal lui-même, comme un homme qui vit toujours et qui apprend toujours, pouvait progresser en physique et en médecine, et ne le pouvait pas en morale. Ainsi que tant d'autres, je suis convaincu qu'il n'en est rien. Il y a en morale, comme en toute autre science, des questions faciles et des questions difficiles; mais, en morale bien plus que dans toute autre science, il y a des questions qui, devant être nécessairement et immédiatement résolues, ne peuvent l'être aussi que *provisoirement*. De là donc, quand les conceptions sur lesquelles ces solutions sont fondées ne sont plus admissibles, des époques de transition, mais aussi de progrès, où se cherchent, *et se trouvent avec le temps*, des solutions aux questions primitives, en harmonie avec les connaissances du moment; et aussi des solutions aux questions morales nouvelles, qui résultent, nécessairement, des progrès de la civilisation, et dont les anciennes conceptions morales ne donnent réellement, et ne peuvent donner aucune solution. Comme exemple de ces nouvelles questions morales, je citerai le droit au travail, les libertés intellectuelle, politique, etc.

Ces considérations, Monseigneur, m'ont un peu détourné de votre brochure, à laquelle je reviens. Vous dites, à la page 80 : « On ne bâtit pas en l'air une morale, on ne refrène « pas les passions avec des mots. » Puis, ayant exposé, à votre manière, la morale de M. Littré, vous reprochez à cette morale de manquer de base.

La *morale positive*, Monseigneur, a une double et très-solide base, qui lui est fournie par l'étude de la réalité ; réalité que lui font connaître ces mêmes procédés logiques, cette même *méthode positive* à qui l'on doit les sciences fondamentales, mathématique, astronomie, physique, chimie, physiologie, qui vous paraissent secondaires, mais qui, vous le savez, jouent un grand rôle dans la philosophie positive. Or, cette étude positive de la réalité, au point de vue moral, étant ainsi instituée, elle fait d'abord reconnaître l'existence naturelle, et très-incontestable, du *sentiment*. Le sentiment, n'est-ce rien, Monseigneur ? En vérité, vous avez paru ignorer, dans votre brochure, qu'il y a eu, qu'il y a encore sans doute, toute une morale fondée sur le sentiment.

Mais, pour nous, positivistes, l'étude du sentiment n'a été réellement bien faite que par les grands observateurs et physiologistes Cabanis, Gall et Broussais, auxquels il est juste d'ajouter George Leroy, qui les a précédés, puis Auguste Comte.

Cette étude du sentiment présente, incontestablement, des points délicats, difficiles, et incertains pour longtemps encore peut-être. Mais les points essentiels, fondamentaux, ceux qui importent pour la pratique, sont incontestables, parfaitement sûrs, et d'une très-facile démonstration.

Le plus important résultat de l'étude positive du sentiment, en est assurément, la division en *égoïsme*, et en *altruisme*. La tradition, Monseigneur, rapporte que ce mot qui vous déplaît tant, n'est pas, cependant, du fondateur de la doctrine positive. M. Comte, dit-on, aurait entendu s'en servir un de vos prédécesseurs à l'Académie française, Andrieux, qui était, je crois bien, professeur à l'Ecole polytechnique quand M. Comte y était élève.

Mais si le mot n'est ni beau, ni bon, pour vous, Monseigneur, comment la chose peut-elle ne pas l'être? La chose qui comprend l'ensemble des instincts *sympathiques*, c'est-à-dire l'amitié, l'attachement, la reconnaissance, la vénération, la bonté, la bienveillance générale, d'où la tolérance, etc., etc.!

Quoi qu'il en soit, cette division du sentiment en égoïsme et en altruisme a pour nous une extrême importance, et, sans être toute la *morale positive*, elle y remplit un rôle presque analogue à celui que remplit, dans la morale chrétienne, la distinction entre la nature ou la concupiscence, et la grâce; distinction dans laquelle le grand et malheureux Pascal voyait toute la morale (*loc. cit.*), ce que font encore tant de dévots.

Je n'ai pas, je ne puis avoir, Monseigneur, la pensée de dire ici tout ce qu'il y a à dire sur la morale. Et, laissant donc de côté les questions si intéressantes et si multipliées que présente l'étude positive du sentiment, je passe à la seconde base de la morale positive.

Cette autre base consiste essentiellement dans l'étude et dans la connaissance des *intérêts généraux* de la société, ainsi que des obligations personnelles et collectives qu'ils imposent, d'où résultent les différents devoirs particuliers, et le *devoir* en général. Ce sont là, assurément, des faits d'un autre ordre que ceux du sentiment; et ils exigent une étude particulière, parfois fort difficile et fort compliquée.

je le sais parfaitement (1). Mais dans l'immense majorité des cas, dans ceux qui sont vraiment usuels, il est certain qu'il est possible d'arriver, par la combinaison de ces deux points de vue, à des solutions comprises et acceptées de tout le monde.

Comme exemple de cette combinaison du sentiment et des exigences des intérêts généraux, je citerai le conseil que Turgot, le grand encyclopédiste Turgot (2), donnait à Louis XVI dans un admirable écrit : la lettre qu'il lui adressa, le 24 août 1774, en passant du ministère de la marine à celui des finances : « Il faut, Sire, dit Turgot, vous armer, contre votre bonté, de votre bonté même. »

C'est là sans doute un exemple emprunté à une position et exceptionnellement difficile et exceptionnellement élevée; mais il est parfaitement exact de dire que des situations infiniment plus modestes comportent, exigent même, une application pour ainsi dire journalière de la pensée, aussi juste que profonde, que renferme le conseil du vertueux et grand ministre, bientôt renvoyé.

L'étude du sentiment, d'une part, celle des intérêts géné-

---

(1) Un savant, très-considéré de tout le monde et très-aimé dans le corps auquel il appartenait, M. Terquem, de son vivant, bibliothécaire au dépôt central de l'artillerie, eut un jour l'idée de me demander la définition des cinq mots suivants : le devoir, la vertu, le dévouement, l'abnégation, le droit. Voici les définitions que je lui donnai :

Le *devoir*, c'est ce qu'exigent d'un individu, d'après les circonstances dans lesquelles il se trouve placé, les nécessités et les convenances même de l'existence sociale, ou, autrement dit, les intérêts généraux de la société.

La *vertu*, c'est la conformité de la conduite aux intérêts généraux de la société, obtenue par le sacrifice de ses convenances personnelles, en tant qu'elles y sont contraires.

Le *dévouement*, c'est un sacrifice des convenances personnelles, plus particulier et plus complet que la vertu, et où entre davantage l'idée d'activité, d'initiative.

L'*abnégation*, c'est de même un sacrifice des convenances personnelles, mais plus passif et plus général que le dévouement.

Le *droit*, c'est la satisfaction, non entravée ou légitimement revendiquée des convenances personnelles, en tant qu'elle est compatible avec les intérêts généraux de la société, ou même y est favorable. Cette satisfaction doit être alors non-seulement permise, mais même facilitée.

(2) Voltaire rapporte (Lettre à M. Christin, avocat à Saint-Claude, du 9 janvier 1755) que, quelqu'un ayant dit devant le roi que M. Turgot n'allait jamais à la messe, M. de Maurepas répondit qu'en récompense M. l'abbé Terrai y allait tous les jours.

raux, d'autre part, telle est donc, Monseigneur, la double base de la *morale positive*.

Après avoir prétendu que cette morale n'avait pas de base, ce qu'une *courte* citation de M. Littré vous donnait, pour faire, je le reconnais, quelques facilités, vous avez dit aussi qu'elle ne comportait pas de sanction : un mot donc sur la sanction de la *nouvelle morale.*.

Elle consiste, cette très-puissante et très-efficace sanction, dans le *jugement moral*, non pas seulement reconnu comme un droit, mais imposé comme un devoir à toute personne intelligente, à tout membre de la société. L'instruction, la culture, tant scientifique qu'esthétique, est alors conçue comme ayant pour résultat le plus important de mettre à même de remplir, aussi bien que possible, cet office essentiel. En rapprochant cette sanction de la morale, d'une part, et, d'autre part, la maxime fondamentale de la morale personnelle, dans la doctrine positive : *ne rien faire que d'avouable*, on comprend de suite quelles seront l'efficacité et l'irrésistible puissance d'une telle morale, quand elle sera bien comprise, et par suite admise. Qui sera, qui pourra être disposé à faire et à avouer ce qu'il verra constamment blâmer, ce qu'il blamera lui-même chez les autres?

Ce que je viens de dire n'empêche pas, Monseigneur, que je ne sache parfaitement et qu'il a été dit, et où il a été dit : *Ne jugez pas et vous ne serez pas jugé*. Mais je rejette complétement cette *ancienne* maxime, qui me paraît déplorable, et contre laquelle, d'ailleurs, votre brochure, vos brochures, dois-je dire, peuvent bien être regardées comme d'énergiques protestations. Et, assurément, votre pensée n'est pas que *juger* doive être le privilége des évêques, ce qui serait faire par trop peu de cas du *vulgaire* (1), du commun des martyrs.

(1) Voir le ch. vi du liv. IV de l'*Esprit des Lois*, où Montesquieu parle du zèle de

Enfin, Monseigneur, je ne puis entreprendre ici l'étude très-compliquée des phénomènes de *remords*, de *conscience*; mais, sans insister autrement, ce qui pourrait devenir délicat, à différents points de vue, sur l'efficacité comparative des sanctions de la morale positive et de la morale catholique, permettez-moi de vous citer, de vous rappeler, les vers suivants d'un auteur fort connu, d'un poëte très-croyant, et aussi très-honnête, qui a dit, en parlant de la dévote :

> « Ainsi pleine d'erreurs, qu'elle *croit légitimes*,
> « Sa tranquille vertu conserve tous ses crimes,
> « Dans un cœur tous les jours nourri du sacrement
> « Maintient la vanité, l'orgueil, l'entêtement ;
> « Et croit que devant Dieu ses fréquents sacriléges
> « Sont, pour entrer au ciel, d'assurés priviléges.
> « Voilà le digne fruit des soins de son docteur. »

Je ne sais, Monseigneur, si ces considérations, et vos propres réflexions, vous rallieront à cette importance, à ce rôle accordé au jugement d'autrui. Mais ce qui est certain, c'est que, si vous ne le prêchez pas autrement, vous l'aurez, du moins, prêché d'exemple dans les deux écrits que je connais de vous : la *Lettre à un catholique* qui a paru en 1859, et votre brochure de cette année, avec une puissance et une énergie incomparables.

Au commencement de la lettre à un catholique, vous disiez, en parlant d'une brochure : *Le pape et le congrès*, attribuée, généralement, à un haut personnage de notre temps :

> « J'ai rarement rencontré dans ma vie des pages où les sophismes, les
> « contradictions flagrantes, et, s'il faut dire le mot, les plus palpables
> « absurdités fussent magistralement posés par l'auteur en principes, avec
> « plus de foi de soi-même, et une conscience plus sûre de son habileté,
> « et aussi de la simplicité de ses lecteurs. »

la société pour une religion qui *humilie bien plus ceux qui l'écoutent que ceux qui la prêchent*.

Et vous terminiez en disant :

« On n'écrit pas de telles pages sans dire son nom ; on n'essaie pas de
« telles entreprises sans lever son masque ; il faut des yeux dont on
« puisse connaître le regard : un homme enfin à qui on puisse demander
« compte de ses paroles. »

De tels jugements, de telles condamnations, prouvent, entre autres choses, une confiance en soi-même inébranlable, assurément, mais, aussi, Monseigneur, vous ne pouvez l'ignorer, qui, généralement, a paru excessive. Dans votre dernière brochure, vous étiez en présence d'une situation tout autre, mais il y a aussi d'utiles enseignements à tirer des jugements que vous y portez.

Appréciant à votre manière, page 11, le talent et le caractère de M. Littré, vous paraissez ne connaître que ceux de ses écrits qui ont directement pour objet la doctrine positive, et la onzième édition du dictionnaire de Nysten. Entre beaucoup d'autres choses, et sans parler de son *Histoire de la langue française* et de son *Dictionnaire*, qui ont, maintenant, tant de succès, il a cependant publié, dans le *Journal des Savants*, des articles sur les ouvrages de MM. Albert de Broglie et de Montalembert, qui, ayant été demandés par ces auteurs, pourraient sembler n'avoir pas dû être sans intérêt pour vous. Mais son principal travail, celui qui a fait d'abord et essentiellement sa position et sa réputation, celui qui l'a fait nommer à l'Institut, dans l'Académie des inscriptions et belles-lettres, en 1839, bien avant donc que vous fussiez de l'Académie française, c'est la traduction, maintenant achevée, des Œuvres d'Hippocrate. Voici, entre bien d'autres que je pourrais rapporter, deux appréciations de cette œuvre immense ; et, précisément, elles se trouvent dans des livres qui sont entre les mains d'un nombre considérable de personnes, et en particulier des jeunes gens.

Dans le *Dictionnaire universel d'histoire et de géographie* de M. Bouillet, l'article *Hippocrate* se termine ainsi :

« M. Littré, de l'Institut, publie en ce moment (1839-45) une traduction nouvelle d'Hippocrate avec le texte en regard, accompagnée de commentaires et de notes qui font de cette publication une *œuvre vraiment monumentale.* »

L'édition que je cite, Monseigneur, est la *sixième*, portant la date de 1849. Mais je ne sais si on retrouve cette même appréciation dans la *dixième* édition, approuvée, dit le prospectus, par Monseigneur l'archevêque de Paris, corrigée d'après les observations de la S. congrégation de l'Index et autorisée par le Saint-Siége.

Quant à la seconde citation que j'ai annoncée, elle a plus d'importance ; elle est d'un ancien professeur de pathologie à la Faculté de médecine de Paris, M. Requin.

« Je n'ai cité, dit-il, que par une sorte de hasard, dans le courant de mon texte, et rien qu'une seule fois, ce me semble, la traduction des œuvres d'Hippocrate par M. Littré. C'est trop peu pour un ouvrage de si grand mérite, pour un ouvrage où brillent à la fois la parfaite intelligence de la langue grecque, l'art difficile de la critique philologique et historique, la profondeur du savoir médical, et *le rare talent de bien écrire*. Peut-être aurais-je dû, non pas une fois, mais toujours, emprunter les paroles de M. Littré dans mes citations d'Hippocrate. Mais que voulez-vous ! j'ai par malheur (aucuns ont bien su m'en faire reproche) une certaine teinture du grec et du latin ; et je me sers de l'édition de Kuhn, la seule que je possède dans ma pauvre bibliothèque. »

(*Eléments de pathologie médicale.* Préface, p. vii.)

L'*allure pesante* et le *prosaïsme* de M. Littré, dont vous parlez dans l'appréciation que vous en faites, ce sont des choses, Monseigneur, dont le monde savant et lettré ne se doutait pas, et des opinions qui vous sont propres (1).

(1) Comme renseignements complémentaires, et dont la portée, d'ailleurs, n'échappera à personne, voici ce que MM. Proudhon et Albert de Broglie ont dit de M. Littré :

« Un homme comme la France en compte peu, comme la Révolution jusqu'ici

Vous trouvez M. Littré embarrassé dans son style, mais j'ai entendu dire que c'était là une idée qui ne vous serait certainement pas venue s'il avait été catholique, et s'il n'y avait pas eu à l'empêcher d'être nommé à l'Académie française.

Quoi qu'il en soit, voici, Monseigneur, des passages de votre brochure plus importants que ce que je viens de citer :

« ... Ce qui doit indigner toute âme *honnête*, c'est ce que je vais
« dire. » (P. 7.)

« Je n'ai rien trouvé qui ne m'ait inspiré *horreur* et *pitié*. » (P. 10.)

« En est-ce assez pour tous ceux à qui il reste *quelque chose*, je ne dis
« pas de religieux, mais d'*honnête* dans la conscience ? » (P. 95.)

« Une école, en effet, est née de nos jours, qui ..... sape toute *morale*
« *naturelle.* » (P. 7.)

« Ce n'est pas une discussion, mais une *réprobation.* » (P. 17.)

A la page 35, vous dites : « Ils ne veulent pas qu'on les
« apelle des athées, des matérialistes. » Puis, à la page 59 :
« Le matérialisme, le fatalisme sont hautement et crûment
« avoués par M. Littré et M. Taine. » Et à la page 61, en parlant de ce *Dictionaire des sciences médicales*, revu et corrigé par E. Littré et Ch. Robin : « C'est un matérialisme
« qui dépasse toute attente.... la barbarie du langage le dis-
« pute à l'abaissement des idées. » Puis, ayant fait à votre

---

n'en eut guère, aussi savant que lettré, aussi philosophe que savant, à qui je ne trouve à reprocher que de s'être fait disciple quand il pouvait être maître, M. Littré, de l'Institut, a montré à ceux qui lisent le grec comme à ceux qui ne le lisent pas ce que c'est qu'Homère. Il a traduit, vers pour vers, dans la langue des troubadours, le premier chant de l'*Iliade;* et l'original n'y a guère perdu. »
Proudhon (*De la Justice dans la Révolution et dans l'Eglise.* 1858, t. III, p. 118.).

« A la vérité, il aurait fallu d'abord qu'Armand Carrel se fût converti au socialisme, dont il avait toujours été assez éloigné. C'est bien aussi ce qu'espère M. Littré, et c'est dans cette pensée qu'il recueille avec le plus grand soin, et met religieusement en lumière, tous les symptômes qui lui paraissent dénoter dans les articles de son ami les préliminaires d'une conversion. M. Littré s'acquitte de cette tâche dans une série de notes explicatives très-judicieusement disposées, pleines d'appréciations fines sur les événements et modérées sur les personnes, toutes empreintes en un mot de cette honnêteté bienveillante qui reluit dans ses moindres paroles, et au moyen de laquelle il s'est acquis dès longtemps l'estime des gens les plus éloignés de lui donner raison ou de partager ses sentiments. »
Albert de Broglie (*Questions de Religion et d'Histoire*, 1860, t. I, p. 312-313).

manière l'histoire de ce dictionnaire, vous ajoutez : « Je ne « juge pas le procédé qui consiste à s'emparer ainsi d'un ou- « vrage autorisé pour y *glisser* une philosophie matérialiste et « athée au lieu d'une philosophie spiritualiste. » Et, à la page 66, vous rapportez, dans une note, qu'ayant consulté sur ce dictionnaire les médecins les plus *distingués*, l'un d'eux vous a répondu : « Je ne sache pas que le matérialisme ait jamais été « professé, même par ses plus fougueux adeptes, avec un lan- « gage aussi éhonté. »

Le simple rapprochement de ces citations, loyales et consciencieuses, je l'affirme, fait d'abord reconnaître, Monseigneur, d'évidentes contradictions, ce qui fait penser, malgré soi, non pas à une appréciation, ou même à une lutte loyale, mais au désir, à l'extrême envie de nuire. Et c'est vous réfuter vous-même que de reprocher aux mêmes personnes, et de ne pas vouloir qu'on les appelle des matérialistes, de reculer devant ce nom flétri ; et d'avouer hautement et crûment le matérialisme, de le professer avec un langage plus éhonté qu'on ne l'a jamais fait ; etc., etc.

Quant à ce procédé que vous ne jugez pas, dites-vous, il n'est pas nécessaire pour savoir à quoi s'en tenir, à cet égard, de connaître, ni ce qui s'est véritablement passé, entre l'éditeur et les auteurs, en réalité, de ce dictionnaire, ni, bien plus que l'honorabilité, mais le désintéressement, la loyauté, le dévouement à la vérité, de ces éminents et laborieux savants. Sans même lire la *Préface*, en jetant les yeux sur la première page, où il est dit que cette onzième édition a été *revue, et corrigée* par E. Littré et Ch. Robin, aucune pénétration, aucun effort d'intelligence n'est nécessaire pour savoir ce que peut et doit être ce dictionnaire, et ceux qui ont été, ou se sont dits trompés ont eu pour cela des raisons particulières, *subjectives*, dirai-je, en donnant à cette expression philosophique un sens moral.

Mais les *corrupteurs* selon vous, et *correcteurs* selon eux-mêmes, moi et tant d'autres, de ce dictionnaire, sont, comme vous l'avez fort bien dit, *considérés* dans le monde savant ; et ils y sont tellement même connus et considérés que ce ne sera pas à eux, Monseigneur, que fera tort *l'insinuation* de la page 61 de votre brochure.

Jugeant les autres, Monseigneur, vous vous êtes bien attendu à être jugé. Ces appréciations me conduisent, d'ailleurs, très-naturellement, à aborder un point de doctrine générale d'une extrême importance. Je ne le traiterai, au reste, que brièvement, me bornant aux considérations essentielles.

Vous dites, à la page 11, qu'on vous a loué, qu'on vous a blâmé d'aimer la liberté. Comme bien des gens n'en veulent pas convenir, il est bon, je crois, de faire savoir, de répéter, de bien montrer, que la liberté a des ennemis, et qu'il y a des personnes qui blâment quand elles croient qu'on l'aime; je prie donc que l'on remarque que vous-même l'avez éprouvé, l'avez reconnu, et qu'on peut maintenant le soutenir en s'appuyant de votre autorité. Il reste à chercher quels sont ces ennemis de la liberté, ce que vous n'avez pas dit. Eh bien ! je crois, Monseigneur, que vous n'en avez pas beaucoup voulu à ces ennemis de la liberté, à ces personnes qui vous ont blâmé de l'aimer, et, cependant, je crois aussi qu'à cet égard vous n'êtes pas très-coupable. En effet, il y a bien des raisons, et de différentes natures, pour dire que l'on aime la liberté; et puis il y a liberté et liberté.

Il n'est personne de nous qui ne sache parfaitement que, de notre temps, il a suffi, à certains moments, étant d'ailleurs en évidence, de se dire partisan de la liberté pour obtenir de l'importance, pour avoir une puissance réelle et rallier à soi un nombre considérable de personnes. Maintenant, ce mot a bien perdu de sa puissance, ce qui tient surtout à ce que l'on a compris, en voyant qui s'en servait, qu'il prêtait aux malentendus: « La liberté! a dit Gœthe, le grand Gœthe, beau mot pour qui l'entend bien! » Actuellement donc, l'on commence à comprendre qu'il comporte, qu'il exige même des éclaircissements, des explications, que les uns cherchent, que d'autres croient posséder, et que tout le monde attend.

En effet, ce que tous les hommes qui comprennent quelque peu leur époque, sentent instinctivement, et confusément peut-être, mais profondément, c'est que la liberté, sous toutes ses formes et avec toutes les variétés qu'elle comporte, est un besoin intime des sociétés modernes, une nécessité de l'avenir, et qu'elle en fera la grandeur.

Or, Monseigneur, permettez-moi de vous dire que cette pensée se résume en une formule qui appartient bien plutôt à la *politique positive*, telle au moins que je la comprends et l'ai toujours comprise, qu'à la politique catholique. Cette formule est la suivante : *De moins en moins de force*. Je suis persuadé qu'*actuellement* elle est pratiquement incompatible avec l'existence du catholicisme; et devant admettre, puisque vous le dites, que vous aimez la liberté, je reste convaincu que cela ne s'applique qu'à une certaine liberté, qui n'est pas la *vraie liberté*. C'est, d'ailleurs, ce qu'il m'est facile de prouver.

En votre double qualité d'évêque et de philosophe spiritualiste, vous êtes professeur, et comme tel enseignez. Mais votre enseignement présente une particularité très-originale, très-caractéristique, qu'il importe de bien mettre en évidence.

Relativement d'abord à la religion catholique, qui, dans son temps, a été, je le sais parfaitement, un très-grand progrès, si maintenant, *après Voltaire*, votre collègue

M. Cousin ne trouve pas qu'elle présente de difficultés, bien d'autres pensent qu'il y a de bonnes raisons pour n'être pas de son avis. Quant aux grandes questions de Dieu, de l'immortalité de l'âme, il est généralement admis que, plus on est penseur, plus on les regarde comme difficiles, compliquées; et vous savez parfaitement, Monseigneur, que pour personne, et quelque solution que l'on adopte, les difficultés qu'elles présentent n'ont jamais été vraiment résolues.

Enseigner les opinions que vous avez adoptées sur ces points difficiles, les raisons qui vous ont décidé, c'est ce que vous avez parfaitement le droit de faire. Mais ce que je ne crois pas bien de faire, ce qui vous est exclusivement propre, ce qui ne viendrait à l'idée de nul autre professeur, et, chose caractéristique! de ceux-là surtout qui enseignent les vérités les plus sûres, les plus incontestables, comme il s'en trouve maintenant, et de plus en plus, en mathématique, en astronomie, en physique, en chimie, en physiologie, dans ces sciences enfin que vous croyez si secondaires : ce que, dis-je, je ne crois pas bien de faire, c'est, si l'on n'est pas convaincu par les raisons que vous donnez, si l'on n'accepte pas vos croyances, de vouloir que l'on porte un *nom flétri;* que l'on soit un objet d'*horreur et de pitié;* et, si l'on écrit ce que l'on pense, ce que l'on croit être la vérité, que cela excite l'*indignation* de toute âme *honnête.*

Eh bien! Monseigneur, comme il y a d'autres peines, d'autres entraves dans le monde que la prison et l'échafaud, je crois que c'est là la négation, la suppression d'une très-juste, très-légitime, très-nécessaire liberté; en un mot, que c'est là de l'oppression. Si ce n'est cela, qu'est-ce donc que l'*oppression intellectuelle?*

Je n'ai eu garde de ne pas remarquer les paroles de l'éminent publiciste, dites-vous, que vous citez, page 57.

« On se tromperait d'espérer pour une époque nouvelle, « à défaut de liberté civile, ce qu'on appellerait la liberté « philosophique. La liberté philosophique ne serait bientôt « qu'un impuissant scepticisme, toléré pour sa faiblesse « même, à peu près comme cet athéisme chinois, qui « porte également tous les jougs. Athéisme et servitude « vont très-bien de compagnie. »

M. Villemain (*la Tribune moderne*; M. de Chateaubriand).

Des écrivains, beaux esprits, c'est possible, mais stériles, impuissants, n'ayant, ne pouvant formuler aucune opinion sur les grandes et véritables questions du moment, la question religieuse, par exemple; de tels écrivains, dis-je, peuvent condamner ou dédaigner la liberté intellectuelle dont ils ne sauraient que faire, et qui leur enlèverait tout prestige, toute autorité. Mais, pour moi, l'*oppression intellectuelle* est, j'en suis convaincu, la pire, la plus dangereuse, la plus funeste de toutes les oppressions; et comme écrivain, comme publiciste, c'est mon *devoir* de tâcher, de m'efforcer d'en convaincre les autres.

On sait, d'ailleurs, ou, du moins, on reconnaîtra, en y réfléchissant un peu, à quel point l'oppression intellectuelle est compatible avec la liberté politique. Péniblement, il est vrai, mais enfin le catholicisme a pu surgir sous le régime romain : il n'a pas pu le faire sous le régime grec; et il ne l'aurait pas pu quelque temps qu'il eût duré. Saint Paul, assurément, fut moins entravé qu'Aristote, quand Alexandre fut mort, et que Socrate qui n'eut pas de roi pour le protéger, et s'en est mal trouvé.

J'ai nommé Socrate ! J'appelle, Monseigneur, votre attention sur les lignes suivantes: elles me semblent la preuve irréfragable de mon dire, et prouver ainsi que, depuis cette grande et illustre victime de l'oppression intellectuelle, l'humanité, sur bien des points, n'a guère fait de progrès :

« Que disent mes ennemis ? Socrate est un scélérat qui
« *corrompt* la jeunesse. Et quand on leur demande ce que
« je fais pour la corrompre, ils me font les reproches que
« l'on a fait de tout temps aux philosophes : ils disent que
« j'examine curieusement ce qui se passe dans le ciel et sur
« la terre, que je ne reconnais point de dieux et que je fais
« paraître vrai ce qui est faux. »
PLATON (Socrate à ses juges, dans *l'Apologie de Socrate*).

Ainsi donc, Monseigneur, je pense que c'est par méprise que vous vous croyez un ami de la liberté, et qu'en réalité vous en êtes un ennemi, non à dédaigner, assurément. Ainsi pour moi, qui, je ne crains pas de le dire, l'aime passionnément, pour moi qui l'ai étudiée, qui en ai approfondi les formes diverses, qui ai longuement cherché, à travers les apparences, quels en étaient véritablement, dans les temps anciens, comme dans ceux qui sont proches de nous, les partisans, les défenseurs, les martyrs; pour moi qui suis convaincu qu'elle est la condition essentielle, mais, tout à la fois, nécessaire et suffisante, des progrès de toutes sortes, c'est donc un devoir de dire à tous, s'il est possible : Méfiez-vous, regardez-y de près, ne vous en rapportez pas aux apparences, et ne prenez pas pour des amis de la liberté tous ceux qui disent l'être. Vous tous qui me lirez, qui, véritablement, l'aimez, et qui, avec tant de raison, avez placé en elle vos plus chères espérances, si vous voulez vous épargner de cruels mécomptes et d'amères déceptions, soyez-en persuadés :

A celui qui, par l'interprétation, dénature les faits; à celui qui nie une honnêteté dont il a les preuves sous les yeux; à celui qui s'efforce d'exciter l'horreur, un des pires et des plus dangereux sentiments, contre des hommes dont la vie laborieuse et l'existence austère offrent le plus admirable exemple; horreur qui, chez les âmes vulgaires, est d'autant plus dangereuse, qu'elles sont moins cultivées, et, à un moment donné, peut très-bien amener les plus déplorables mesures; à celui-là, dis-je, il ne manque que la force... pour brûler, dit l'histoire: pour étouffer, pour supprimer, dirai-je.

L'EMPIRE SUR LES AMES

CONCLUSION

Indépendamment des différents points que je viens d'examiner, il y a, Monseigneur, une question qui est posée par l'ensemble de votre brochure, qui, d'ailleurs, répond à vos préoccupations les plus légitimes et les plus vives, et qui présente un tel intérêt, une telle importance, que, malgré la longueur de cette lettre, je ne puis prendre sur moi de n'en pas dire quelques mots. Je veux parler de l'empire sur les esprits, sur les âmes, des conditions, du rôle de ce merveilleux pouvoir, et des causes auxquelles le doivent ceux qui, de notre temps, le possèdent.

Très-probablement vous aurez remarqué et vous vous rappelez que, dans un des discours prononcés le 26 février à l'Académie française, cette question a été abordée : « Le « monde appartient, a dit excellemment M. Saint-Marc « Girardin, en répondant à M. Albert de Broglie, non pas « à ceux qui le contraignent, mais à ceux qui le servent et « qui l'aiment. Il prête à ses dominateurs, par la contrainte, « des minutes d'obéissance qu'ils appellent leurs règnes ;

« à ses consolateurs il donne son âme; et il n'y a vraiment
« de règne que sur les âmes. »

Or, chose étrange! heureusement ou non inspiré par la circonstance, c'est ce que je n'ai pas à examiner ici, mais le même orateur, le même académicien, venait de dire, quelques minutes auparavant, qu'il ne pouvait « penser sans « chagrin à tant de cœurs et d'esprits, jeunes, actifs, élo- « quents,... frappés d'inutilité par nos révolutions. » Inutiles! parce qu'ils ne peuvent pas être ministres! Et cette conquête du monde *par la parole, par l'insurmontable douceur* dont vous allez parler tout à l'heure! Et le règne sur les âmes, Monsieur Saint-Marc Girardin! Comment! vous dites que les révolutions qui condamnent à l'inactivité politique, frappent d'inutilité, et, presque aussitôt après, qu'il n'y a vraiment de règne que sur les âmes! Faut-il donc être ministre pour régner sur les âmes? Et si les souverains n'ont que l'apparence de la grandeur, n'obtiennent que des *minutes d'obéissance* qu'ils appellent leurs règnes, qu'est-ce donc que d'être quelques années ministre? et pourquoi donc votre chagrin?

Ah! qu'on le comprenne donc! Il en est de vous, Messieurs les académiciens d'aujourd'hui, comme des académiciens d'autrefois : vous avez des yeux, et vous ne voyez pas; des oreilles, et vous n'entendez pas. Mais la vérité, pour n'être pas reconnue, n'en reste pas moins la vérité, et, vous échappant par moment, elle met, sans que vous vous en doutiez, vos contradictions en évidence, et vous joue de bien mauvais tours.

Comment! mais, c'est vous-mêmes, les chefs, les anciens, qui faites les honneurs des vôtres (1), des jeunes hommes de votre parti : Inutiles, parce qu'ils ne sont pas ou ne peuvent

(1) « Je suis trop de votre avis pour vous louer avec impartialité, » dit M. Saint-Marc Girardin dans son discours.

pas devenir ministres! Grand merci donc de remplir si bien votre tâche; et, ne laissant à nul autre ce soin, de vous charger d'annoncer ainsi solennellement au monde, de lui montrer, de lui bien prouver que vous n'êtes pas les vrais successeurs des premiers chrétiens, qui furent utiles et *ne furent pas ministres!*

Je me suis, Monseigneur, un peu longuement arrêté sur cet épisode académique, qui s'est si naturellement présenté à mon souvenir. Mais, outre qu'il est en soi fort intéressant, il rentre tellement dans mon sujet que ce n'est réellement pas une digression, et ce que j'ai à vous dire se trouve maintenant bien simplifié.

Vous dites, à la page 11 de votre brochure, que vous n'invoquez aucun bras séculier. Cependant, à la page 121, il est question des magistrats; et, dans une brochure où les hommes dont on parle sont MM. Littré, Renan, Maury et Taine, cela a paru fort singulier. Quoi qu'il en soit, et j'espère qu'ainsi que moi les magistrats l'auront remarqué, vous aviez fort bien dit auparavant : « *La vérité se passe* « *d'être protégée*; mais il faut qu'elle soit toujours dé- « fendue. »

Il est donc bien entendu, Monseigneur, que c'est à vous, et non aux magistrats, qu'il appartient de défendre la vérité. Il n'en est pas de vous, en effet, comme de ces hommes de cœur et d'esprit, jeunes, actifs, éloquents, qui sont frappés d'inutilité par nos révolutions, et c'est l'empire du monde par la *parole* et l'*insurmontable douceur*, ainsi que dit excellemment M. Saint-Marc Girardin, que vous avez en vue, et qui est le noble but de votre ambition et de vos efforts.

Ce but, d'ailleurs, est, non-seulement indiqué, mais encore commandé par les circonstances toutes particulières dans lesquelles, comme évêque, vous vous trouvez placé, et d'où résulte que tout autre intérêt, tout autre motif à l'activité, est supprimé pour vous. Mais si, par suite de votre position, vous devez, sinon obtenir, du moins vous efforcer d'obtenir ce difficile pouvoir, le plus grand, le plus glorieux de tous, assurément, l'empire sur les âmes ; il est juste aussi de reconnaître que vous avez à votre disposition des facilités qui manquent, hélas ! à tant d'autres, et qui vous sont bien libéralement accordées : je veux dire, la grande aisance, le loisir, et, en abondance, des ressources, des aides, des secours de toute nature. D'autre part, étant en évidence par le fait même de votre position, l'attention se trouve naturellement appelée sur vous ; rien n'est possible, contre vous, de semblable à ce que l'on a appelé la conspiration du silence, et enfin votre enseignement s'appuyant sur des traditions, assurément respectables, on y est aussi bien préparé qu'il est possible de l'être.

Eh bien, malgré tout cela, Monseigneur, ce pouvoir que, par nature, vous ambitionnez, que votre position, en vous plaçant dans des circonstances si exceptionnelles et si favorables, vous fait presque un devoir d'obtenir, ce pouvoir vous ne l'obtenez pas. Et de là donc, en réalité, votre brochure ; de là, tour à tour, vos plaintes et votre colère. Je sais parfaitement que vous parlez, en certains endroits, de foule émue, de trois mille hommes agenouillés confondant le blasphémateur (M. Renan), de voix innocentes et pleines de vie redisant dans votre cathédrale : *Gloria in excelsis Deo* (*Lettre à un catholique*, p. 31) ; mais, sans mépriser les masses, et tout en étant novateur, on peut ne pas croire, Monseigneur, à l'égalité, et ne pas craindre de le dire. Pour moi donc, je crois qu'il y a âme et âme, et que c'est avec raison, et à votre grand honneur, que cet empire sur les âmes dont les besoins de la discussion, de la polémique, vous amène à parler, ne vous contente, ne vous satisfait pas.

Vous donneriez, dites-vous, dans votre brochure, votre sang, votre vie, pour que tels et tels fussent restés catholiques. Eh bien ! j'ose le dire, Monseigneur, l'empire sur certaines âmes vaut un prix que vous n'y pouvez pas mettre. C'est autre chose de gouverner traditionnellement des femmes, qui, en fait d'instruction, ont des désirs modérés, que vous ne cherchez guère à accroître, ou de gouverner de jeunes hommes, maîtres de leurs passions, quoi que vous en disiez, — on n'est pas dominé par ses passions quand, jeune encore, mais bien sérieux déjà, et passionné pour l'étude, on va trouver MM. Comte et Littré, — maîtres donc de leurs passions, mais curieux de toutes choses, avides de savoir, ardents, actifs, enthousiastes, passionnés pour la vérité, voulant arriver, par l'étude approfondie du passé, au secret de l'avenir, voulant scruter, par eux-mêmes, la vie des *grands hommes* pour bien comprendre leur pensée intime, la tâche qu'ils se sont donnée, le but qu'ils ont poursuivi : de tels jeunes hommes, en effet, Monseigneur, sentent instinctivement qu'à eux il appartient de continuer le travail commencé, l'œuvre entreprise, d'apporter une pierre à l'édifice, et de contribuer, dans une certaine mesure, à l'accomplissement de ce progrès qui est le *devoir* de leur époque et de la génération dont ils font partie.

Comme exemple d'un tel empire sur les âmes, source des plus grandes jouissances, des plus nobles satisfactions qui se puissent concevoir, permettez-moi, Monseigneur, de vous citer un de vos prédécesseurs à l'Académie française, dont les opinions philosophiques vous sont, je pense, connues; mais qui, lui, était aussi membre de l'Académie des sciences : je veux parler de d'Alembert, ayant pour élèves et pour disciples et Lagrange, et Laplace, et le plus aimé de tous, Condorcet, plus grand encore par la vertu que par le génie !

Tel est donc, Monseigneur, un illustre exemple de cet em-

pire sur les âmes qu'il est si glorieux et si doux d'obtenir.
Sans doute, des maîtres comme d'Alembert, et des disciples
comme Lagrange, Laplace, Condorcet, sont rares et toutes
les époques n'en offrent pas. Mais, d'une époque à l'autre, la
différence ne peut être qu'une affaire de degré, et, des circonstances analogues produisant des effets analogues, des
relations de même nature ont certainement existé de notre
temps, et sans doute il en existe encore.

Ainsi donc, Monseigneur, ce que vous ne pouvez obtenir,
ce qui vous est refusé, ne l'a pas été, et ne l'est pas à quelques-
uns de vos contemporains. C'est, du reste, ce dont vous convenez vous-même en reconnaissant que la jeunesse, en grande
partie au moins, s'éloigne de vous, et en parlant de l'heure
de *très-profonde angoisse* où le jeune homme va, dans un de
nos grands centres intellectuels, achever son éducation. Mais,
si d'autres, non sans doute évêques comme vous, mais,
comme vous, écrivains, philosophes, dévoués à ce qu'ils
croient la vérité, obtiennent une influence, un empire sur
les âmes qui vous échappent, que vous ne pouvez garder,
vous le dites vous-même, mais que l'on n'obtient guère quand
on ne le mérite pas, quand on n'y a pas de véritables titres,
est-il juste de le leur reprocher? Je ne le pense pas; et il me
paraît que ce qu'il y aurait à faire, ce serait d'étudier sérieusement la situation, de chercher quels sont les avantages importants, décisifs, que d'autres possèdent, et qui peut-être
vous manquent, de vous efforcer de les acquérir, et de vous
résigner, si vous ne le pouvez pas. Assurément, ce n'est pas
sans cause qu'un tel effet se produit; et la chose est assez
importante pour que cette cause soit cherchée sérieusement,
péniblement, longuement, s'il le faut. Pourquoi donc si c'est
à vous qu'appartient l'empire sur les âmes, si c'est vous qui
le méritez, vous qui y avez droit, pourquoi donc d'autres
l'obtiennent-ils?

Pourquoi !

Pourquoi la parole d'un homme a-t-elle de la puissance, et celle d'un autre n'en a-t-elle pas ? Pourquoi les uns sont-ils supérieurs, exceptionnellement doués, et les autres ne le sont-ils pas ? Pourquoi, parmi tant d'existences, conserve-t-on seulement le souvenir d'un petit nombre d'entre elles, de quelques-uns seulement qu'on appelle des *grands hommes* ? Souvent, bien souvent, et particulièrement à ces époques justement appelées époques de transition, où d'anciennes croyances sont abandonnées, où de nouvelles se forment, ces hommes, plus tard reconnus pour grands hommes, sont ignorés, inconnus de la plupart de leurs contemporains, et, à ceux-là même auprès de qui ils vivent, ils ne paraissent pas dignes de grande attention; et ces hommes sont cependant les seuls dont s'occupe la postérité, sans s'inquiéter le moins du monde si, de leur vivant, ils furent ou non académiciens. Quand tant de princes, de monseigneurs, de ministres, d'évêques, de personnages de toute sorte, qui vivaient de leur temps, sont aussi parfaitement inconnus que s'ils n'avaient jamais existé, qui de nous ne connaît Hobbes, Pascal, Spinosa, Fontenelle, Vauvenargues, Diderot, Hume, Kant, Condorcet, Hegel ?

Tel est donc, Monseigneur, l'enseignement de l'histoire : à ces époques dites de transition, aux uns, la célébrité, l'importance, les honneurs, de leur vivant, mais, après la mort, l'oubli; aux autres, de leur vivant, l'obscurité, la pauvreté, la valeur contestée, et, quelque méritées qu'elles soient, les récompenses, prix du travail et des services rendus, injustement refusées, mais, après la mort, le souvenir dans la mémoire des hommes, la reconnaissance des générations futures, la gloire enfin.

En appliquant, actuellement, cet enseignement au temps présent, l'étude, l'intelligence de ce qui s'y passe en met bien en évidence le vrai caractère. Or, au temps où nous vivons, des choses de ce monde, les parts sont ainsi faites : A vous, Monseigneur, le palais, la cathédrale, les vêtements d'or et le fauteuil académique; à Auguste Comte et à Littré, la vie austère, laborieuse, la science profonde, l'érudition sans limites, et, chose douloureuse! les embarras matériels, le logement modeste, payé non sans efforts. Mais, Comte et Littré! ne vous plaignez pas de votre part! à vous aussi les plus grandes choses de ce monde : l'empire sur les âmes et la gloire dans l'avenir!

www.ingramcontent.com/pod-product-compliance
Lightning Source LLC
Chambersburg PA
CBHW070704050426
42451CB00008B/487